Teach Me...™
Everyday
SPANISH
Volume 2
Celebrating the Seasons

Written by Judy Mahoney
Illustrated by Patrick Girouard

Our mission at Teach Me... to enrich children through language learning.

The *Teach Me Everyday* series of books introduces common words, phrases and concepts to the beginning language learner through delightful songs and story. These engaging books are designed with an audio CD, encouraging children to read, listen and speak. *Teach Me Everyday Volume 2* celebrates the seasons and activities throughout the year. Follow Marie and her family as they venture out to the zoo, go on a picnic, visit museums, build a snowman and celebrate the holidays. The text is presented in a dual language learning format, meaning the Spanish and English are side by side in order to enhance understanding and increase retention. The audio is narrated in Spanish and introduces music memory through familiar songs. Children of all ages will enjoy exploring new languages as they sing and learn with *Teach Me*.

It is interesting to note that the Spanish alphabet contains four more letters than the English alphabet. These letters are: ch, ll, ñ and rr. Also, the "k" and "w" in the Spanish alphabet are used only in words of foreign origin. Spanish nouns have a gender; therefore, the article preceding the noun indicates masculine or feminine, as well as singular or plural. Spanish-speaking countries and regions may have their own dialect or variation of the language and pronunciation.

Teach Me Everyday Spanish – Volume 2: Celebrating the Seasons
ISBN 13: 978-1-59972-202-3 (library binding)
Library of Congress Control Number: 2008902653

Copyright © 2009 by Teach Me Tapes Inc.
6016 Blue Circle Drive, Minnetonka, MN 55343 USA
www.teachmeinc.com

With respect to the differences in language, the translations provided are not literal.

Book design by Design Lab, Northfield, Minnesota.
Compact discs are replicated in the United States of America in Maple Grove, Minnesota.

Printed in the United States of America in North Mankato, Minnesota.
092009
08212009

1 0 9 8 7 6 5 4 3 2

INDEX & SONG LIST

LA PRIMAVERA
SPRING

EL VERANO
SUMMER

EL OTOÑO
AUTUMN

EL INVIERNO
WINTER

Tú cantarás y yo cantaré
Tú cantarás y yo cantaré
Y todos juntos cantaremos
Tú cantarás y yo cantaré
Con frío o con calor.

You'll Sing a Song
You'll sing a song and I'll sing a song
And we'll sing a song together
You'll sing a song and I'll sing a song
In warm or wintry weather.

Words and music by Ella Jenkins.
Copyright © 1966. Ell-Bern Publishing Co.
Used by permission.

Yo siembro semillas de verduras en mi huerta. Este año cosecharé tomates, pimientos verdes y zanahorias.

I plant seeds to grow vegetables in my garden. This year I will grow tomatoes, green peppers and carrots.

mi jardín
my garden

las zanahorias
carrots

Avena, frijol y cebada
Avena, frijol y cebada
Avena, frijol y cebada
¿Sabes tú o yo o cualquiera
Cómo crecen avena, frijol y cebada?

Oats and Beans and Barley
Oats and beans and barley grow
Oats and beans and barley grow
Do you or I or anyone know
How oats and beans and barley grow?

la jirafa
giraffe

el simio
monkey

el burro
donkey

el león
lion

Vamos al zoológico
Vamos con mamá al zoológico mañana
Zoológico mañana, zoológico mañana
Vamos con mamá al zoológico mañana
Todo el día.

Vamos al zoológico
Vienes tú también
Vienes tú también
Vamos al zoológico.

Mira a los simios colgando de las ramas...
Mira a los cocodrilos nadando en el agua...

Going to the Zoo
Momma's taking us to the zoo tomorrow
Zoo tomorrow, zoo tomorrow
Momma's taking us to the zoo tomorrow
We can stay all day.

We're going to the zoo, zoo, zoo
How about you, you, you?
You can come too, too, too
We're going to the zoo, zoo, zoo.

Look at all the monkeys swinging in the trees...
Look at all the crocodiles swimming in the water...

Words and music by Tom Paxton.
Copyright © 1961, 1989.
Cherry Lane Music Publishing Company, Inc. (ASCAP).
All rights reserved. Used by permission.

El juego de Simón dice

Simón dice: -Lleva la mano derecha a la cabeza.

Simón dice: -Toca el suelo.

Simón dice: -Zapatea.

Simón dice: -Aplaude.

Simón dice: -Di tu nombre.

-María, Perdo, José, Anna.

el perro
dog

Simon Says Game

Simon says: "Put your right hand on your head."

Simon says: "Touch the ground."

Simon says: "Tap your foot."

Simon says: "Clap your hands."

Simon says: "Say your name."

"Marie, Peter, Joseph, Anna"

el barco
boat

el balón
ball

Rema, rema, rema
Rema, rema, rema tu bote
Suave sobre el río
Alegremente, alegremente
La vida es un sueño.

Row, Row, Row
Row, row, row your boat
Gently down the stream
Merrily, merrily, merrily, merrily
Life is but a dream.

Día

Día, es de día, viene la mañana y me quiero ir
Día, es de día, viene la mañana y me quiero ir.

Trabajo por la noche hasta la mañana
Viene la mañana y me quiero ir
Apilo bananas hasta la mañana
Viene la mañana y me quiero ir.

Ven contador y cuenta las bananas
Viene la mañana y me quiero ir...
Levanta seis, siete, ocho racimos
Viene la mañana y me quiero ir...
Un racimo hermoso de bananas maduras
Viene la mañana y me quiero ir...

Day-O

Day-O, me say Day-O, daylight come and me wan' go home
Day-O, me say Day-O, daylight come and me wan' go home.

Work all night 'til the mornin' come
Daylight come and me wan' go home
Stack banana 'til the mornin' come
Daylight come and me wan' go home.

Come mister tallyman, tally me banana
Daylight come and me wan' go home...
Lift six hand, seven hand, eight hand bunch
Daylight come and me wan' go home...
A beautiful bunch of ripe banana
Daylight come and me wan' go home...

Mes de septiembre Month of September

el gato
cat

la hoja
leaf

el rastrillo
rake

After summer comes autumn. The leaves turn gold, red and purple. I am gathering leaves and nuts.

Después del verano viene el otoño. Las hojas se vuelven doradas, rojas y moradas. Yo estoy recogiendo hojas y avellanas.

la ardilla
squirrel

las avellanas
nuts

De colores
De colores, de colores se visten los campos en la primavera
De colores, de colores son los pajaritos que vienen de afuera
De colores, de colores es el arco iris que vemos lucir
Y por eso los grandes amores de muchos colores me gustan a mí
Y por eso los grandes amores de muchos colores me gustan a mí.

The Colors
Colors, the colors dress the fields in the springtime
Colors, the colors of all the birds around us
Colors, all the colors of the rainbow we see shining
And this is why the many colors of great love are pleasing to me
And this is why the many colors of great love are pleasing to me.

nuestro abuelo
our grandpa

el maíz
corn

Antes de volver a la escuela visitamos la finca de mi abuelo. Les damos comida las vacas, a las gallinas y a los cerdos.

Before returning to school we visit Grandpa's farm. We feed the cows, chickens and pigs.

Abuelo esquila la lana de las ovejas. Después nos lleva vamos a pasear con nuestros primos.

Grandpa shears the wool from the sheep. Later we take a walk with our cousins.

A la finca de mi abuelo

Ya nos vamos, ya nos vamos
A la finca de mi abuelo
Ya nos vamos, ya nos vamos
A la finca de mi abuelo.

Una vaca parda en la finca de mi abuelo (repito)
La vaca, la vaca hace – ¡MU! (repito)

Una gallina roja en la finca de mi abuelo (repito)
La gallina, la gallina hace – ¡CLO! (repito)

Down on Grandpa's Farm
Oh, we're on our way, we're on our way
On our way to Grandpa's farm
We're on our way, we're on our way
On our way to Grandpa's farm.

Down on Grandpa's farm there is a big brown cow (repeat)
The cow, she makes a sound like this: Moo! (repeat)

Down on Grandpa's farm there is a little red hen (repeat)
The hen, she makes a sound like this: Cluck! (repeat)

el cordero
lamb

Ovejita negra

¿Ovejita negra, tienes mucha lana?
Sí señor, sí señor, tres canastas llenas
Una para mi maestro y una para mi dama
Una para el niño que vive más allá
¿Ovejita negra, tienes mucha lana?
Sí señor, sí señor, tres canastas llenas.

Baa Baa Black Sheep

Baa baa black sheep, have you any wool?
Yes sir, yes sir, three bags full
One for my master and one for my dame
One for the little boy who lives down the lane
Baa baa black sheep, have you any wool?
Yes sir, yes sir, three bags full.

los pollos
chickens

la vaca
cow

El señor MacDonald

El señor MacDonald tenía una finca, E – I – E – I – O
Y en su granja había una vaca, E – I – E – I – O
Con MU aquí, MU allá, aquí un MU, allá un MU
En todas partes MU, MU
El señor MacDonald tenía una finca, E – I – E – I – O.

Y en su granja había un pollo, E – I – E – I – O
Con CLUC aquí, CLUC allá, aquí un CLUC, allá un CLUC...

Y en su granja había un gato, E – I – E – I – O
Con MIAU aquí, MIAU allá, MIAU aquí, MIAU allá...

Y en su granja había una oveja, E – I – E – I – O
Con BAA aquí, BAA allá, aquí un BAA, allá un BAA...

Old MacDonald

Old MacDonald had a farm, E - I - E - I - O
And on his farm he had a cow, E - I - E - I - O
With a MOO, MOO here and a MOO, MOO there
Here a MOO, there a MOO, everywhere a MOO, MOO
Old MacDonald had a farm, E - I - E - I - O.

And on his farm he had a chicken, E - I - E - I – O
With a CLUCK, CLUCK here...

And on his farm he had a cat, E - I - E - I - O
With a MEOW, MEOW here...

And on his farm he had some sheep, E - I - E - I – O
With a BAA, BAA here...

Cinco calabazas
Cinco calabazas sentadas en un banco.
La primera dijo: -Se está haciendo tarde.
La segunda dijo: -Hay brujas en el aire.
Dijo la tercera: -No nos importa.
La cuarta dijo: -Echemos a correr.
La quinta dijo: -Yo quiero divertirme.
-Uu uu -dijo el viento, y la luz se apagó
Y las cinco calabazas comenzaron a rodar.

Five Little Pumpkins
Five little pumpkins sitting on a gate.
The first one said, "Oh my, it's getting late."
The second one said, "There are witches in the air."
The third one said, "But we don't care."
The fourth one said, "Let's run and run and run."
The fifth one said, "I'm ready for some fun."
"Oo-oo," went the wind, and out went the light
And the five little pumpkins rolled out of sight.

la luna
moon

el búho
owl

Esta noche me pondré mi disfraz de Caperucita Roja y Coloso será el lobo. Pedro será un vaquero. Después iremos a pedir golosinas con nuestros amigos.

Tonight, I will dress up in my Little Red Riding Hood costume and Coloso will be the wolf. Peter will be a cowboy. Then we will go trick-or-treating with our friends.

Mes de diciembre Month of December

la nieve
snow

> ¡Mira, la nieve está cayendo!
> Vamos a jugar en la nieve.
> Llevamos nuestros trineos y nos
> deslizamos por la cuesta.

Look, the snow is falling!
Let's go and play in the snow.
We take our sleds and slide
down the hill.

> Después hacemos
> un muñeco de nieve, con ojos
> de carbón, nariz de zanahoria
> y brazos de ramas. Lleva puesta
> la bufanda de mi mamá.

Then we'll build
a huge snowman, with eyes
of coal, a carrot nose
and sticks for arms. He wears
my mother's scarf.

Un muñeco de nieve

Hay un amigo mío
Lo conoces también
Lleva un sombrero
Es muy chévere.

Tiene ojos negros
Nariz de zanahoria
Dos brazos de palitos
Y un abrigo blanco.

¿Adivinaste el nombre?
O ¿necesitas algo más?
¡Nunca verás su cara
En otra estación!
¿Quién es?

¡Adivinen quién es!
¿Quién es?
¡Es un muñenco de nieve!

el muñeco de nieve
snowman

Snowman Song
There's a friend of mine
You might know him, too
Wears a derby hat
He's real cool.

He has coal black eyes
An orange carrot nose
Two funny stick-like arms
And a snowy overcoat.

Have you guessed his name
Or do you need a clue?
You'll never see his face
In autumn, summer, spring.
Guess who?

Guess who it is!
Guess who?
It's a snowman!

26 veintiséis

Cascabel

Cascabel, cascabel, suena el cascabel
Este día en trineo, vamos a pasear
Navidad, Navidad, hoy es Navidad
Es un día de alegría y felicidad.

Jingle Bells

Jingle bells, jingle bells
Jingle all the way!
Oh what fun it is to ride
In a one-horse open sleigh, hey!

Noche de paz

Noche de paz, noche de amor
Todo duerme en rededor
Todos sueñan en la oscuridad
Bella anunciando al Niño Jesús
Brilla la estrella de paz
Brilla la estrella de paz.

Silent Night

Silent night, holy night
All is calm, all is bright
'Round yon Virgin, Mother and child
Holy infant, so tender and mild
Sleep in heavenly peace
Sleep in heavenly peace.

Es la época de fiestas. Nosotros celebramos la Navidad. Hacemos galletas y decoramos nuestra casa. Cantamos canciones especiales.

It is the holiday season.
We celebrate Christmas.
We bake cookies and
decorate our house.
We sing special songs.

las galletas
cookies

veintisiete

27

el globo
balloon

La raspa
Traditional dance music.

Cuando los santos marchan

Los santos van, van a marchar
Todos los santos a marchar
Quiero estar ahí con ellos
Cuando salgan a marchar.

Cuando el sol, quiere brillar
Cuando el sol quiere brillar
Quiero estar ahí con ellos
Cuando el sol quiere brillar.

When the Saints Go Marching In

Oh when the saints, go marching in
Oh when the saints go marching in
I want to be in that number
When the saints go marching in.

Oh when the sun, comes out and shines
Oh when the sun comes out and shines
I want to be in that number
When the saints go marching in.

Ahora sabemos los meses del año. ¿Y tú? Adiós queridos amigos.

Now we know the months of the year. Do you? Goodbye dear friends!

enero	January
febrero	February
marzo	March
abril	April
mayo	May
junio	June
julio	July
agosto	August
septiembre	September
octubre	October
noviembre	November
diciembre	December

treinta y uno

31

Teach Me...
VOCABULARIO
Vocabulary

LA PRIMAVERA
SPRING

hola	hello
el jardín	garden
las verduras	vegetables
las flores	flowers
el león	lion
la jirafa	giraffe
el simio	monkey
el cumpleaños	birthday
la fiesta	party
la torta	cake
el juego	game

EL VERANO
SUMMER

la playa	beach
la pala	shovel
el cubo	pail
el traje de baño	bathing suit
la arena	sand
las nubes	clouds
el barco	boat
el queso	cheese
la banana	banana
el pan	bread
las hormigas	ants

EL OTOÑO
AUTUMN

las avellanas	nuts
el gato	cat
el perro	dog
el árbol	tree
el rastrillo	rake
la granja	farm
la oveja	sheep
la vaca	cow
las calabazas	pumpkins
el lobo	wolf

EL INVIERNO
WINTER

el trineo	sled
el muñeco de nieve	snowman
la zanahoria	carrot
la bufanda	scarf
la noche	night
feliz año nuevo	Happy New Year
la golosina	candy
la máscara	mask
mis amigos	my friends
adiós	goodbye